Välkommen till en transformerande resa genom
konsten att manifestera dina livs drömmar!

Denna guide är din nyckel till att låsa upp hemligheterna med att använda universums energi för att förverkliga dina drömmar. Låt oss utforska de huvudsakliga principerna för framgångsrik manifestation:

Kraften i Stark Tro: De mest framgångsrika manifestationerna börjar alltid med att ha en stark inre tro. Det handlar inte bara om positivt tänkande; det handlar om att verkligen förstå att dina tankar och avsikter avger energi, d.v.s signaler som interagerar med allt runtomkring dig. När dina medvetna tankar stämmer överens med dina djupa övertygelser, tar dina manifestationer fart.

Matchande Energier: Varje tanke du bär på har sin egen energi. Tänk på dem som musiknoter som ska harmonisera. Liknande energier attraherar varandra och skapar en positiv resonans. När du börjar den här resan, föreställ dig varje intention som en tråd som förbinder dig med det du vill ha. Föreställ dig att färgerna du använder när du målar håller energin från dina önskemål.

Kvantanslutning: Föreställ dig dina tankar som ringar på vatten som påverkar allt omkring dig. När du arbetar med att manifestera, varje gång du färglägger, hamnar du i ett meditativt läge vilket är det mest gynnsamma när du ska manifestera då Alfavågor (8-13 Hz). är de mest dominerande och gynnsamma av alla hjärnvågor. I alfastadiet påverkar du all energi i din omgivning som mest effektivt. Färgläggning är således som att tappa in i ett universellt energifält som stödjer dina mål i ditt liv.

Tålamod och Uthållighet: Tänk på att manifestationer är som att odla en trädgård. Det tar lite tid och omsorg. Universum (energin) behöver tid på sig att manifestera fram det du strävar efter. Tid och ansträngning arbetar tillsammans, precis som droppar av färg skapar en målning.

Inspirerande Handling: Din energi är kraftfull, men inspirerande handlingar får saker att hända för att du ska nå dina mål.
Om det inte känns spännande, gör det inte.
Om det känns jobbigt, gör det inte. Om det känns som en kamp, gör det inte.
Om du känner dig nervös, gör det inte. Om du känner dig obekväm, gör det inte.
Om det inte känns rätt just nu, gör det inte. Om du försöker "få saker att hända", gör det inte.
Du kommer veta när det är dags för handling. Det kommer att gå lätt utan något som helst motstånd.

Så, är du redo att förvandla ditt liv? I så fall, njut av denna förtrollande process att manifestera din nya framtid! Med varje tanke, avsikt, positiv känsla, handling, och färg formar du din verklighet.
Må din resa vara full av positiva kopplingar, där dina drömmar blir levande och verkliga!

Hur du använder boken:

Hitta en bekväm plats med boken och ditt färgläggningsmaterial inom räckhåll. Fundera på dina mål i livet och vad det är du vill förändra i ditt liv och vad du istället ska manifestera fram. Skriv ner det i presens på din visionstavla. Om du är nybörjare, börja med att manifestera fram mindre belopp (hitta ett mynt på gatan eller dyl.) eller små positiva situationer som du kan tro på för att sedan arbeta dig upp till allt högre mål. Se det som en inlärningsperiod.

Välj en färgläggningssida eller ett mantra som är i resonans med ditt inre. När du färglägger, föreställ dig att varje penseldrag ger dina drömmar och mål liv. Läs citatet och låt det sjunka in medan du färglägger mandalan. Du kan med fördel även färglägga bokstäverna. Föreställ dig dina drömmar som verklighet medan du färglägger och tränar på att visualisera. Du visualiserar genom att titta på visionstavlans bilder, memorerar bilderna och hittar känslan. Se på det som om du redan har det i ditt liv.
Tänk på att tid och rum i realiteten inte existerar.

"Att bli mästare på vilka energier du sänder ut, är nyckeln till att manifestera fram det du vill ha i ditt liv"

Njut av att färglägga och var alltid i nuet. Om du har andra känslor försök ändra dem genom att fokusera på dina drömmar och vad du vill uppnå i ditt liv.
Upprepa de upplyftande fraseerna i boken och känn tacksamhet så ofta du kan i ditt dagliga liv.
Dedikera regelbunden tid till boken och dina manifestationer.
Omfamna glädjen i att färglägga och tro på dina drömmar!

Klistra in bilder, eller fotografier på din visionstavla som du hittar från tidningar eller på internet som representerar ditt föreställda liv. Du kan även skriva om du föredrar det. Föreställ dig som en person med alla dina drömmar uppfyllda.
Bli övertygad om att du det inte finns något i ditt liv som du inte kan manifestera fram.
Du kan nämligen få allt du önskar och ännu mer!

*Att manifestera är som att så ett frö i universum;
med tiden, omsorgsfullt näring och tillit,
växer det till en mäktig och vacker realitet.*

Ett liv i överflöd börjar med en tanke.

Jag tror på gränslösa drömmar.

Visionstavla

Min manifestation:

_____

_____

*"Jag är djupt tacksam för allt positivt
som kommer till mig!
Tack!"*

Övning
Repetera frasen varje dag:
Ekonomisk frihet är min födslorätt -
jag förtjänar det och välkomnar det."

Visionstavla

Min manifestation:

———————————————

———————————————

*"Jag är djupt tacksam för allt positivt
som kommer till mig!
Tack!"*

Övning
Placera en sedel under din madrass.
Visualisera innan du somnar att den mångdubblas.

Jag är en pengamagnet.

Visionstavla

Min manifestation:

_____

_____

*"Jag är djupt tacksam för allt positivt
som kommer till mig!
Tack!"*

Övning
Skriv ner en situation eller sak du redan attraherat ditt liv
som varit till din fördel.

Visionstavla

Min manifestation:

_____

_____

*"Jag är djupt tacksam för allt positivt
som kommer till mig!
Tack!"*

Övning:
Sitt i stillhet och säg högt: "Jag är öppen och redo att ta emot
allt överflöd som universum är redo att ge mig."

Pengar är verktyg för att skapa ett drömliv.

Visionstavla

Min manifestation:

_____

_____

"Jag är djupt tacksam för allt positivt som kommer till mig! Tack!"

Övning
Skapa en budget och visa för dig själv och universum att du har ordning på din ekonomi.

Visionstavla

Min manifestation:

_____

_____

"Jag är djupt tacksam för allt positivt som kommer till mig! Tack!"

Övning:
Vilket steg kan du ta idag för att kontrollera din ekonomiska framtid? Skriv ner det på visiontavlan.

Jag är en mästare på pengar.

Visionstavla

Min manifestation:

_____

_____

"Jag är djupt tacksam för allt positivt som kommer till mig! Tack!"

Övning:
Ha en konversation med universum i din fantasi. Prata om dina avsikter som om du diskuterade dem med en stödjande allierad.

Jag släpper negativa tankar om pengar.

Allt jag sänder ut återvänder tusenfalt.

Visionstavla

Min manifestation:

_____

_____

*"Jag är djupt tacksam för allt positivt
som kommer till mig!
Tack!"*

Övning
Skriv ner "Jag lockar in pengar och framgång till mitt liv." på en papperslapp och lägg den synligt i plånboken. Läs affirmationen varje gång du öppnar plånboken.

Att manifestera är enkelt för mig.

Jag manifesterar med hjälp av mina talanger.

Visionstavla

Min manifestation:

_____

_____

*"Jag är djupt tacksam för allt positivt
som kommer till mig!
Tack!"*

Övning:
Sätt upp ett specifikt mål och skapa en plan för att uppnå det. Ta ett första steg mot det målet.

Saldot på bankkontot ökar konstant.

Visionstavla

Min manifestation:

_____

_____

*"Jag är djupt tacksam för allt positivt som kommer till mig!
Tack!"*

Övning:
Skriv ett brev till dig själv och beskriv varför just du ska leva ett liv i ekonomiskt överflöd.

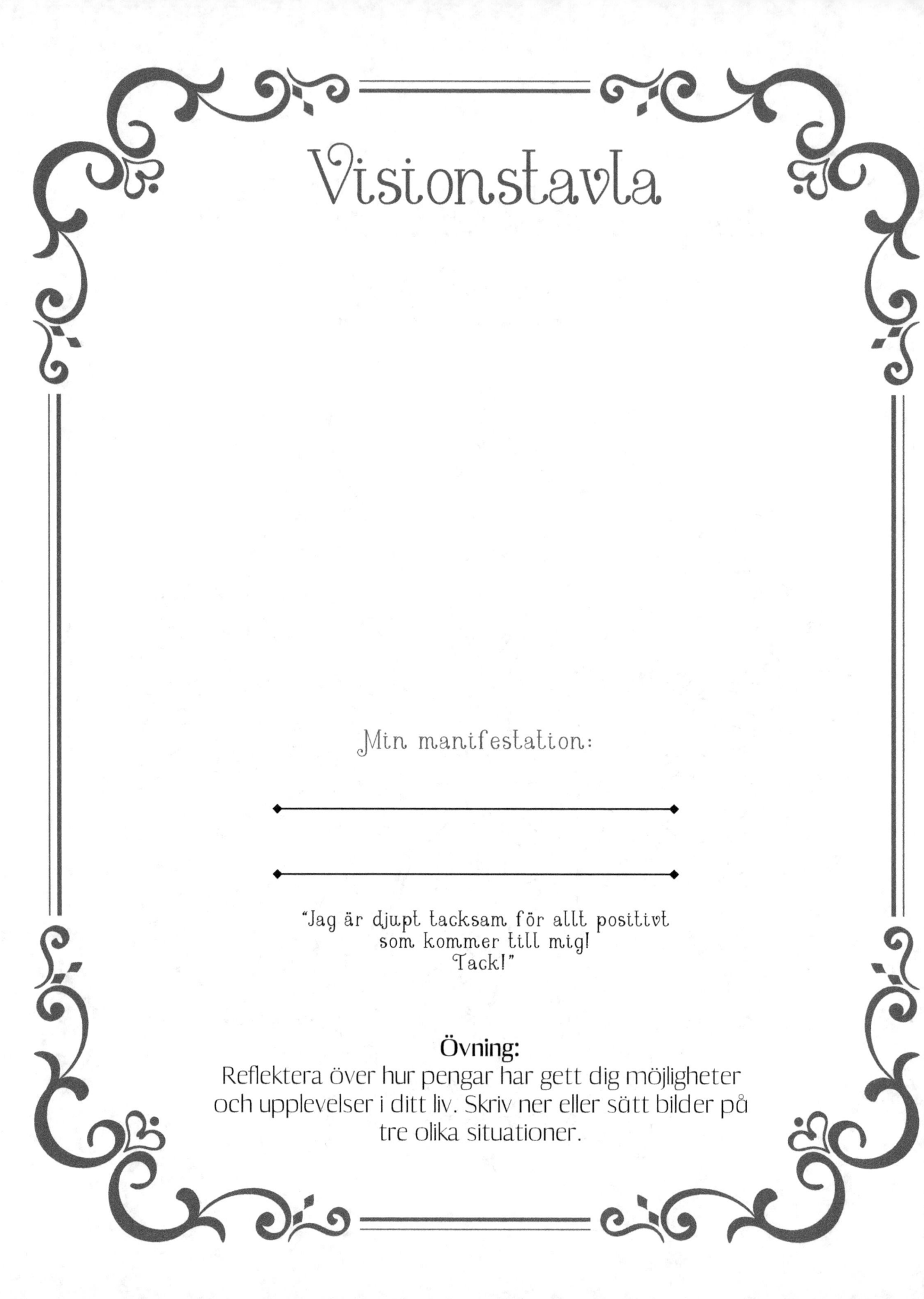

Jag är tacksam för det som komma skall.

Visionstavla

Min manifestation:

_____

_____

*"Jag är djupt tacksam för allt positivt som kommer till mig!
Tack!"*

Övning:
Gör en lista över områden i ditt liv där du redan kände dig rik, inklusive din ekonomi.

Jag lever konstant i rikedom.

Visionstavla

Min manifestation:

_____

_____

"Jag är djupt tacksam för allt positivt som kommer till mig! Tack!"

Övning
Lägg handen över ditt hjärta och upprepa:
"Jag är en kanal för välstånd och lycka."

Jag är en kanal för välstånd och lycka.

Visionstavla

Min manifestation:

_____

_____

*"Jag är djupt tacksam för allt positivt
som kommer till mig!
Tack!"*

Övning:
Gör en visionstavla med bilder av dina önskningar och mål och släpp
alla rädslor du eventuellt kan ha för att leva i överflöd
inom olika områden.

Visionstavla

Min manifestation:

◆————————————————◆

◆————————————————◆

"Jag är djupt tacksam för allt positivt som kommer till mig! Tack!"

Övning:
Fundera på hur du kan vårda din relation med pengar, som att sätta upp ekonomiska mål.

Jag manifesterar alla mina livsmål.

Överflöd är att ge av sig själv.

Visionstavla

Min manifestation:

_____

_____

"Jag är djupt tacksam för allt positivt som kommer till mig! Tack!"

Övning:
Pausa, ta ett djupt andetag och uppskatta det vackra i nuet.

Överflöd existerar alltid i nuet.

Visionstavla

Min manifestation:

———————————————

———————————————

*"Jag är djupt tacksam för allt positivt
som kommer till mig!
Tack!"*

Övning:
Fundera över ditt senaste positiva beslut.
Erkänn din förmåga att göra bra val.

Jag känner lycka inom alla områden.

Mina energier är i harmoni med universum.

Jag välkomnar allt positivt in i mitt liv.

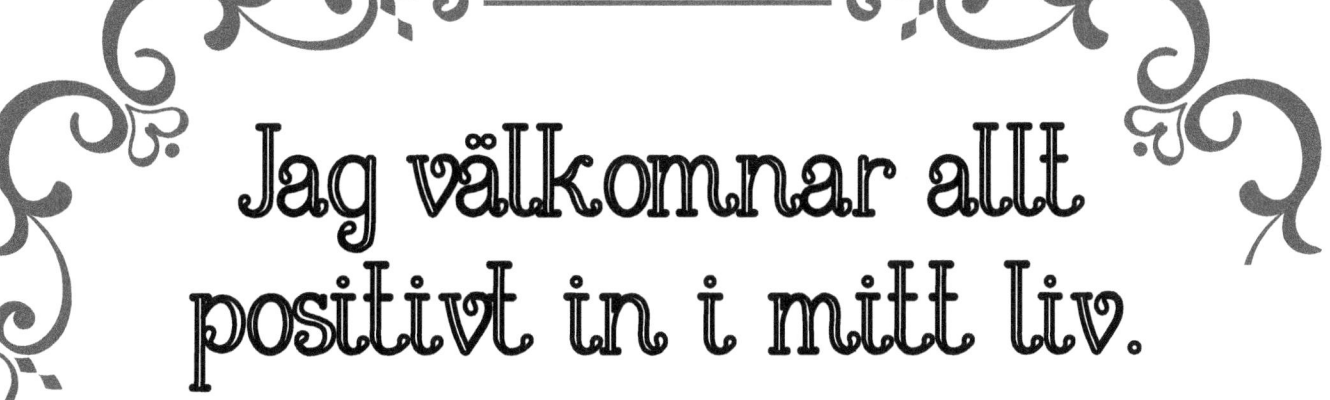

Dagens beslut, morgondagens verklighet.

Visionstavla

Min manifestation:

_____

_____

*"Jag är djupt tacksam för allt positivt
som kommer till mig!
Tack!"*

Övning:
Vänd handflatorna uppåt och föreställ dig själv
som ett kärl redo att ta emot universums överflöd.

Jag tar emot allt som tillhör mig.

Pengar är ett verktyg att bygga med.

Visionstavla

Min manifestation:

_____

_____

*"Jag är djupt tacksam för allt positivt som kommer till mig!
Tack!"*

Övning:
Lista tre saker som berikar ditt liv.
Uttryck tacksamhet för var och en av dem.

Jag är djupt tacksam över mitt liv.

Varje steg tar mig närmre mitt mål.

Låtsas tills det blir verkligt.

Jag njuter av alla mina framgångar.

Sann passion ger sann lycka.

Visionstavla

Min manifestation:

_____

_____

*"Jag är djupt tacksam för allt positivt
som kommer till mig!
Tack!"*

Övning:
Känn känslan av förnöjdhet och tacksamhet. Var säker på att universum sänder mer saker på din väg.

Känslor av överflöd lockar mer överflöd.

Ekonomisk frihet är total frihet.

Visionstavla

Min manifestation:

———————

———————

"Jag är djupt tacksam för allt positivt som kommer till mig! Tack!"

Övning:
Håll ordning i din plånbok eller i handväskan.
Respektera dina sedlar och mynt.

Pengar dras till min plånbok.

Jag ser sedlar och mynt överallt.

Visionstavla

Min manifestation:

_____

_____

"Jag är djupt tacksam för allt positivt som kommer till mig! Tack!"

Övning:
Utmana dig själv genom att spara lite extra pengar den här veckan, oavsett hur liten summa.

Mitt mindset liknar en mångmiljonärs.

Att vara tacksam är en helig egenskap.